AF457668

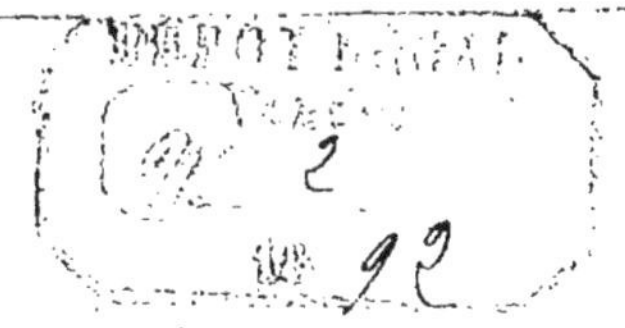

EUGÈNE LOUIS

GASTON GUITTON

1825-1891

LA ROCHE-SUR-YON
TYPOGRAPHIE PAUL TREMBLAY
2, PLACE DE LA PRÉFECTURE, 2

1891

GASTON GUITTON

EUGÈNE LOUIS

GASTON GUITTON

1825-1891

LA ROCHE-SUR-YON
TYPOGRAPHIE PAUL TREMBLAY
2, PLACE DE LA PRÉFECTURE, 2

1891.

A mon ami Maxime Audouin.

Il n'est pas un visiteur de notre Musée qui n'y ait remarqué deux statues, l'une en plâtre, l'autre en bronze, œuvres de notre compatriote, Gaston Guitton, mort à Paris le 17 juillet 1891.

On sait généralement en Vendée que Guitton était un statuaire de mérite ; mais sait-on ce qu'il a produit, et pourrait-on suivre son talent dans les différents salons auxquels il a été admis, non sans honneur ?

Je n'entrerai pas, et pour cause, dans une étude approfondie de son œuvre ; cependant il m'a semblé que, sans trop insister sur les détails techniques, il était possible de le mettre assez en lumière pour justifier notre orgueil et nos regrets.

Né à Bourbon-Vendée, le 25 février 1825, GUITTON, Gaston-Victor-Edouard (1), était fils de François-Pascal Guitton, notaire royal, et de Rose-Françoise Renaud.

---

(1) J'ignore pourquoi, sur plusieurs livrets du Salon, l'on ajoute à ces prénoms celui de Gustave, qui ne figure pas aux registres de l'état-civil. Cependant lui-même l'indique dans la mention qu'il a fournie en 1864 au service municipal des Beaux-Arts de la Ville de Paris.

Elève de notre Collège royal, il se prépare d'abord, à Paris, à l'Ecole polytechnique; mais il ne tarde pas à y renoncer, et il commençait ses études de droit à Poitiers, lorsque, en 1845, il se sent entraîné vers l'archéologie et la sculpture.

Vite il dit adieu à la jurisprudence, et, de retour dans sa ville natale, il prend quelques leçons de Sartoris, en compagnie de son compatriote P. Baudry, qui allait, avant peu, partir pour Paris.

Mais déjà s'était formée, entre les deux jeunes gens, une de ces liaisons qui durent toute la vie. C'est « qu'ils se comprenaient », et chacun d'eux « sentait que son ami avait touché en lui des sentiments bien identiques avec les siens (1) ». Ainsi l'attestent d'ailleurs les nombreuses lettres intimes, que M. Ephrussi a reproduites dans son bel ouvrage sur P. Baudry.

Gaston avait près de quatre ans de plus que Paul, et toujours Paul conserva pour lui ces égards de tendresse, que l'on porte à son frère aîné. N'est-on pas ému lorsqu'on entend son cœur lui dicter ces lignes, à une distance de neuf années?

« Je ne saurais bien te dire combien j'ai été content de voir que tu n'as jamais douté et que tu ne douteras jamais de mon affection pour toi. Elle est liée désormais par quelque chose de plus fort que l'habitude, par le charme et la poésie des souvenirs de nos vingt ans. Te rappelles-tu le grand chêne où nous bâtîmes des projets d'avenir? J'ai oublié le nom de l'endroit et l'année; mais je me vois encore étendu sur l'herbe, à côté de toi, dans ce petit chemin bordé de buissons qui menait à la rivière, et je me rappelle mes quinze ans, mon effroi de l'avenir, et demandant, à ton expérience de *mauvais sujet*, des récits et des

(1) Ephrussi, *Paul Baudry*, p. 20; Lettre à G. Guitton, du 24 août 1845.

détails sur cet étincelant Paris, où j'allais bientôt goûter les délices du *far niente*, de l'opulence et des plaisirs de la jeunesse (1). »

Pendant que Baudry, avec une force d'âme qui ne céda jamais aux découragements, poursuivait, par un labeur assidu, les rêves d'une brillante renommée, vers lesquels le poussaient ses propres espérances et celles de son ami, Guitton, lui aussi, suivait sa voie, non sans rencontrer de vives oppositions du côté de sa famille.

Son père aurait désiré qu'il lui succédât comme notaire ; mais G. Guitton n'était point de nature à se contenter des occupations prosaïques et monotones d'un tabellion de province. Il resta sourd à toutes les sollicitations des siens, et, incapable de résister à son goût pour les arts, il se rendit à Nantes, où il s'essaya à la sculpture, chez Amédée Ménard, l'auteur du *Forban*.

Reconnaissant que l'ébauchoir ne deviendrait point entre ses mains un outil sans valeur, il se décide à partir pour la capitale, et se fait admettre dans l'atelier de Rude, l'illustre auteur du *Départ*, de l'Arc de Triomphe de l'Etoile.

Il s'y livre au travail, avec ardeur, et, pour prendre rang, envoie au Salon de 1850 un groupe en plâtre, *Saint Louis consolant un blessé*, que nous voudrions rencontrer, au Musée de La Roche, à côté du *Vitellius* de Baudry.

Il l'avait destiné à notre église paroissiale, placée sous le vocable de St-Louis, avec l'intention de lui donner un pendant ; mais on raconte que la fabrique d'alors refusa de payer les frais d'emballage et de transport.

Son père, qui, jusque là, s'était montré hostile à sa passion pour la sculpture, se laissa enfin persua-

(1) EPHRUSSI, *Paul Baudry*, p. 134 ; Lettre à Guitton, datée de Rome, le 3 d'octobre 1854.

der, et lui permit d'aller à Rome étudier les grands maîtres.

Son ami Paul y était déjà rendu, depuis le milieu de janvier 1851. Au milieu des splendeurs de la ville éternelle,il s'était d'abord troublé quelque peu, comme autrefois à Paris ; mais bientôt reprenant son équilibre, il avait cherché et trouvé ses modèles.

Là-bas, en Italie, il se gardait bien d'oublier son cher Gaston, et le 28 mars,dans une lettre,pétillante d'esprit et de gaieté, après lui avoir raconté une promenade dans les environs de Rome, qui avait mis en émoi toute la colonie française, il le suppliait de venir le rejoindre. « Ici, lui disait-il, tu ne trouveras pas Paris ; pas de lorettes, pas de spectacles, pas de boulevards ; mais des choses qui les valent bien..., les fresques de Raphaël, des ruines, et la nature, et cela vous fait mieux vivre.

« Courage, mon cher ami, *travaille, pense toujours à l'art* ; *il n'y a que cela, vois-tu*, et viens en Italie avec le moins d'argent possible. Tâche de vivre comme moi, en tirant le diable par la queue. »

Il n'y avait plus à hésiter. Depuis longtemps Rome et ses merveilles, dont il avait si souvent devisé avec Paul, étaient devenues, pour Gaston, l'unique objet de ses rêves ; et puisque Paul l'y appelle, puisque son père consent à le laisser partir, en route donc pour cette patrie des arts, où pendant deux ans, à côté de son ami, son talent s'affermit et se développe.

Il y ébauche son *Léandre*, et lorsqu'il est de retour à Paris, en 1853, il envoie au Salon un buste en marbre *(Portrait d'enfant)* ; puis, sûr de lui-même sans doute, se donne tout entier à deux statues de grandeur naturelle, qu'il expose en 1857, et qui lui font obtenir une médaille de 2e classe.

L'une d'elles (statue en marbre) est achetée pour le Musée du Luxembourg, d'où elle a été envoyée, en 1890, à celui de Lyon. C'est *Léandre*, ce fidèle amant de Héro, dont Musée a immortalisé la passion ardente et la mort lamentable.

Déjà de son azur la nuit voilait les cieux,
Et de Léandre seul n'endormait pas les yeux ;
Mais, près des flots bruyants qui battent le rivage,
Il attend des amours le lumineux message.

Et nous le voyons alors qu'il cherche à distinguer, dans les ténèbres de la nuit, le flambeau qui doit le guider vers sa bien-aimée, mais aussi, hélas ! en s'éteignant, vers les sombres bords où son amante désolée ira le rejoindre.

« Il y a, nous dit Edmond About, (1) de la finesse et du charme dans le *Léandre* de M. Guitton ».

Un pareil éloge n'était-il pas honorable pour un débutant, et plein de promesses qui ne tardèrent point à se réaliser ?

D'ailleurs, à côté du Léandre, se trouvait une ravissante étude — *Au Printemps*, — modèle en plâtre que l'on peut voir au Musée de la Roche-sur-Yon, auquel il fut donné par l'auteur en 1858.

Une jeune fille, dont une résille à larges mailles enserre l'abondante chevelure, est assise sur un tronc d'arbre taillé, autour duquel s'enroulent des feuilles d'acanthe et de lierre, tandis que, derrière ce siège rustique (2), un lys, qui vient d'éclore, ouvre timidement son calice. La jambe gauche étendue, elle replie l'autre sur elle-même. De sa main droite, qu'elle lève à la hauteur de sa tête, s'échappe une grappe de myosotis, récemment fleurie. Elle la regarde en souriant, et, dans sa main gauche, qu'elle laisse tomber à terre, elle soutient une branche de chêne, qui s'allonge devant elle sur le sol, diapré d'un vert gazon.

---

(1) SALON DE 1857, XI.

(2) Sur le siège, à gauche, on lit : GASTON GUITTON, PARIS, 1856. (H. 1m 46).

Délicieuse allégorie du renouveau qui ramène, avec les beaux jours, et les ris et les fleurs.

En 1858, à l'Exposition des beaux-arts de Nantes, ces deux statues, qu'on avait déjà remarquées à Paris, reparaissent, en province, aux yeux d'un autre public, dont l'accueil n'est pas moins sympathique ; mais elles sont accompagnées d'une *Tête de jeune femme*, « d'un modelé suave, bien qu'un peu précieux. Elle est taillée dans un marbre rare, mais, si rare soit-il, c'est ici le cas de dire comme Ovide ; *Materiam superabat opus* (1). »

Ce buste en marbre est, je le suppose, celui qu'on trouve inscrit, au Salon de 1859, sous le titre de *Portrait de Mlle C. P.*

Le Salon de 1861 nous présente de nouveau *Au Printemps*, coulé en bronze, et dans le voisinage, un *Buste en marbre de Mme F. H.*, remarquable par la finesse et la distinction du travail, ainsi que deux autres statues, l'une en marbre, l'autre en bronze, que l'on regarde comme les meilleures œuvres de Guitton, et qui lui valent un rappel de 2e médaille.

L'Attente est une statue de femme d'une grande valeur artistique, dont une strophe de Sapho a inspiré le sujet.

> Déjà Phébé nous voile sa lumière ;
> Les astres de la nuit, au milieu de leur cours,
> Ont ramené les heures des amours,
> Et cependant ma couche est solitaire.

« Assise sur un bloc, le torse un peu affaissé et penché en avant, la jambe gauche repliée sur la droite, qui pose à terre, la jeune femme laisse retomber un bras sur son genou, tandis que de l'autre elle s'appuie sur le rocher. Elle rêve, la tête

---

(1) L. DE KERJEAN. *Revue de Bretagne et de Vendée*, 1858, 1e Sem. p. 482.

légèrement tournée de côté, le regard ne se fixant sur rien, ou plutôt tourné en dedans.

« On pourrait peut-être reprocher à cette figure, fort séduisante du reste, un sentiment un peu trop moderne, quelque chose d'efféminé et de délicat que n'a point l'antiquité. Mais, à part certaines réserves, il n'y a qu'à louer l'élégance et le charme de cette œuvre (1) », près de laquelle *Le Passant et la Colombe* ne semble point déplacé.

D'où viens-tu, colombe timide ?
D'où vient ce parfum précieux
Que ton aile, en son vol rapide,
Exhale et répand vers les cieux ?

Telle est l'ode IX d'Anacréon, à laquelle l'artiste a demandé le motif de cette statue en bronze, qu'on a placée sur la terrasse extérieure du Musée du Luxembourg et qui figura à l'Exposition de Londres en 1862.

Une œuvre plus importante encore, comme difficulté d'éxécution, mérite de nous arrêter quelques instants.

L'an 415 de notre ère, sous le règne de Théodose le Jeune, on vit, un jour de carême, à Alexandrie, une bande de fanatiques se porter vers la demeure de celle qu'on appelait alors *la Philosophe*. C'est ainsi que l'on désignait la belle et savante *Hypathie*, la néo-platonicienne, dont l'éloquence et la vertu avaient gagné tous les cœurs, mais dont l'esprit de tolérance avait ameuté contre elle les chrétiens intransigeants, ennemis des païens et des juifs.

Les assassins, la trouvant sortie, l'attendent à sa porte, se précipitent sur elle, au moment où elle se disposait à rentrer, l'arrachent de son char, la traînent dans une église, et, après l'avoir dépouillée de ses vêtements, la massacrent sans pitié sous une grêle de pierres, de tuiles et de débris de poteries.

(1) TH. GAUTIER, *Salon de 1861*, p. 414.

Puis ces forcenés découpent son cadavre en morceaux, et promènent ces honteux trophées dans les rues d'Alexandrie, jusqu'à une place où ils les réduisent en cendres.

C'est la principale scène de ce meurtre odieux qu'a voulu rendre G. Guitton, et l'on peut dire que l'inspiration ne lui a point fait défaut.

« Ampleur de formes, savante proportion des contours, tout attire et frappe dans ce beau corps suspendu au gibet ; sous l'habile ciseau de l'artiste le marbre animé palpite.

« Un romantique, un sculpteur de l'avenir n'aurait pas manqué de torturer la suppliciée, de la lacérer de blessures béantes, au risque d'en faire un spectacle repoussant.

« G. Guitton a évité cet excès de zèle mélodramatique, et s'est borné à nous montrer, aux pieds de son héroïne, les pierres qui vont tout à l'heure servir à son supplice : c'est à peine s'il a imprimé à la physionomie les signes d'une douleur contenue et discrète.

« Mais pourquoi le livret, canonisant sans façon la célèbre néo-platonicienne d'Alexandrie, l'appelle-t-il *Sainte Hypathie* et en fait-il une martyre(1) ? ».

Cette statue en marbre d'Hypathie fut exposée au salon de 1863, ainsi que le *Buste en marbre*, avec bras, de *Mme B. de F.*, lisez Mme de Fontenay, dont les grâces et l'amabilité étaient, paraît-il, fort séduisantes, et qui fut longtemps, pour Guitton, une autre Egérie.

En 1864, il achève une statue assise en pierre, (H. 2m30), représentant *Saint-Pierre*, pour l'église de Saint-Sulpice, où elle est placée au-dessus de la porte de la sacristie des mariages (2).

---

(1) L. Dubois, *Revue de Bretagne*, 1863, 2e Sem. p. 95.

(2) *Invent. des rich. d'art de la France ;* Paris, Mon. relig., t. 1er, p. 265 Le Musée des collections artistiques de la Ville de Paris en possède une esquisse en plâtre.

Cette même année, il envoie au salon son *Amour de Cire,* statue en plâtre de $1^{m}60$ de hauteur, achetée pour le Musée du Luxembourg, où elle ne figurait pas encore en 1882, bien qu'elle dût faire le pendant du Passant et de la Colombe. Y a-t-elle été placée depuis ?

Elle reparaît, en bronze, au salon de 1865, et orne aujourd'hui le Musée de La Roche-sur-Yon, auquel l'État l'a donnée en 1874.

Cet Amour de Cire « est un gracieux motif » que Guitton a encore tiré d'Anacréon (Ode X).

Un jeune berger, appuyé sur son bâton, qu'il soutient de la main gauche, montre, dans l'autre main, un petit Amour de Cire, « qu'il nous offre de l'humeur la plus accommodante ».

Mais laissons parler Anacréon.

« Un jeune homme vendait un Amour de Cire. M'étant approché de lui : « Combien, lui dis-je, « veux-tu que je t'achète cet Amour, œuvre de tes « mains ? » Lui me répliqua en dialecte dorien : « Prends-le pour ce qu'il te plaira ; car, afin que « tu le saches, je ne suis pas mouleur en cire, « mais je ne veux plus habiter avec l'amour, il est « désireux de tout ce qu'il voit (1). »

« L'artiste a parfaitement rendu la beauté un peu « féminine de l'éphèbe grec (2). »

« Son *Marchand d'Amour* est bien le jeune homme que désigne souvent le grand lyrique ; sa beauté est comme flottante entre la perfection masculine et la perfection féminine ; les accentuations du modelé sont presque insensibles ; le flanc, la poitrine, les reins sont encore presque ceux d'un enfant ; les jambes et les bras ne laissent point apercevoir cette

(1) Sur le socle, à gauche, on lit : *Gaston Guitton* ; à droite, *F*[du]. *par* V[or]. *Thiébaut*.

(2) Th. Gautier, *Salon de 1864*, 12e art. (Mon. univ. du 14 août 1864.)

virile musculature qui distingue l'homme fait ; c'est un adolescent, que toutes les jeunes filles doivent suivre du regard, et pour l'amour duquel elles doivent adresser bien des sacrifices à Vénus.

« Véritable statue antique par la simplicité des lignes et la pureté de la forme, c'est la belle et triomphante jeunesse dans toute sa floraison (1). »

Jusqu'en 1877, notre compatriote continue à rester fidèle à nos salons, où figurent :

En 1866, le *Portrait de M. P. A.* (buste bronze) et celui de *Mlle Ph. B.* (buste plâtre);

En 1867, le *Buste en bronze de M. C. B.* et le *Buste en plâtre de Mme **** ;

En 1868, le *Portrait de M. C. Royer* (buste plâtre), et celui de *Mlle H. Oudinot* (buste marbre) ;

En 1869, le *Portrait du docteur Langlebert* (buste bronze), et celui de *M. Arthur de Fontenay* (buste plâtre) ;

En 1870, le *Portrait de M. le docteur Bertholle* (buste bronze) ;

En 1872, le *Buste en marbre d'Alfred de Vigny* (H. 0m83), qui fait partie de la galerie des auteurs dramatiques, ornant le vestibule du grand escalier du Théâtre français.

Il est regrettable que ce buste, digne de prendre place près des œuvres de David d'Angers et de Chapu, soit en partie dissimulé dans la pénombre d'une porte ; car la tête « aux lignes si pures, d'une finesse toute féminine, aux longs cheveux flottants d'Alfred de Vigny, a retrouvé, sous le ciseau de M. G. Guitton, toute la gracieuse élégance, légèrement idéalisée, de son galbe poétique (2). »

Sa tête est nue, et tournée vers l'épaule droite ;

(1) H. de Viel-Castel, journal *La France, Salon de 1864.*

(2) Lucien Dubois, *Revue de Bretagne et de Vendée,* 1872, 2e Sem., p. 64.

son col de chemise rabattu est fermé par un foulard, et une draperie couvre ses épaules (1).

En 1873, Guitton envoie au Salon deux bustes en bronze, *les portraits de M. E. Rigault*, et de *M. F. Lemercier*.

En 1874, apparaissent un médaillon décoratif en plâtre, *portrait de Mlle* ***, et un buste en plâtre, *portrait de Mme D...*

En 1875, il expose le modèle en plâtre de son *Eve tentée par le Serpent*, que possède le Musée de Falaise depuis 1879, et qu'il coula en bronze pour le Salon de 1876.

Elle était destinée au Jardin des Plantes, où elle fut déposée l'année suivante, près du bassin des crocodiles.

Cette statue, de 1m80 de hauteur, nous montre la mère du genre humain « nue, debout, tournant la tête vers l'épaule gauche, et cherchant à cacher son visage à l'aide de son bras relevé ; la main droite posée le long du corps tient une pomme. Aux pieds d'Eve est un serpent (2). »

Lorsqu'elle parut au Salon de 1875, l'*Eve* de G. Guitton ne fut guère ménagée par Ch. Bigot (3), qui, dans un article trop violent pour être impartial, détaille complaisamment « les seins énormes et disgracieux, le ventre ballonné et plissé, les jambes lourdes de cette Eve, par trop préhistorique »

Je n'ai pas la prétention de soutenir qu'elle réalise « le type suprême de la beauté, de la grâce, de la force chez la femme », et qu'elle rappelle

---

(1) Signé, à la droite du personnage : GASTON GUITTON. *V. Invent. des rich. d'art de la France ;* Paris, Monuments civils, tome 1er, page 130.

(2) Signé, sur le socle, à gauche : GASTON GUITTON A droite, est gravé : P. THIÉBAULT & FILS. *V. Invent. des rich. d'art de la France* ; Paris, Mon. civ, t. 2, p. 115.

(3) *Revue politique et littéraire*, 22 mai 1875, p. 1102.

« l'Eve admirable peinte par Michel-Ange au plafond de la Chapelle Sixtine. »

Mais je tiens à dire que l'Eve de Guitton n'est pas une œuvre dont on doive rabaisser le mérite avec tant d'acrimonie, et je préfère m'en tenir à l'opinion d'un critique moins prévenu, prétendant que, « où qu'elle soit placée, elle fera toujours fort bonne figure (1). »

« Eve et serpents, écrivait alors Ch. Yriarte (2), ces savants font des allusions et mettent des femmes nues dans le palais des reptiles. »

« C'est assurément, ajoute L. Dubois, une bizarre idée de nos édiles parisiens.

« Voudrait-on exposer notre trop curieuse grand-mère à de nouvelles tentations, bien superflues, hélas ! puisque le mal est fait ? Espérons que cette fois ses oreilles — le métal dont elles sont faites doit pleinement nous rassurer à cet égard — resteront sourdes à la voix, peu séductrice d'ailleurs, j'imagine, des boas constrictors et des serpents trigonocéphales, au milieu desquels elle va trôner. Je me demande si, pour compléter l'allégorie, on plantera un pommier dans le nouvel Eden. »

Eve n'était pas seule à affronter les critiques d'art en 1876. Près d'elle se trouvait une autre œuvre considérable, le groupe en plâtre de *La Justice protégeant l'Innocence contre le Crime*, auquel il travaillait depuis 1869, et que la guerre l'avait contraint à abandonner pendant quelque temps. C'est un sujet digne d'ornementer le fronton d'un palais judiciaire (3).

En 1877, Guitton qui ne s'était jamais reposé,

---

(1) L. Dubois. *Revue de Bretagne*, 1876, 2e sem., p. 18.

(2) *Gazette des Beaux-Arts*, 1876, 1er sem. p. 135.

(3) Dans l'éloge, heureusement inspiré, que M. Halgan prononça devant le Conseil général de la Vendée, le

tant il était « intrépide » — c'est encore Yriarte qui le reconnaît, — commence à se ralentir.

Le salon de 1877 ne nous offre de lui qu'un buste en marbre, le *Portrait de Mlle ****, et, après de longs intervalles, nous le voyons figurer à ceux de 1884 et de 1889, avec deux bustes en plâtre, les *Portraits de Mme P.-V. de P... et de Mme L...*

Il est vrai que, si l'artiste a besoin, plus que tout autre, de posséder la gaieté du cœur et d'avoir l'esprit degagé de toute préoccupation extérieure, Guitton ne réunissait plus, depuis quelque temps, les conditions indispensables pour créer des œuvres de grande valeur.

Des revers de fortune et des déceptions de toutes sortes étaient venus couper les ailes à son imagination et à son courage, et même avaient porté atteinte à sa santé, jusque-là assez robuste.

Longtemps il avait mené la vie à grandes guides, se faisant un plaisir de recevoir, chez lui, les gens de lettres et les artistes ses amis. Son salon était le rendez-vous de la société la plus brillante ; et si l'on y accourait pour y entendre un charmant causeur, on se retirait ébloui de l'éclat que la distinction de Mme de Fontenay ajoutait à ces soirées, devenues légendaires dans le monde des arts.

Heureusement pour elle, Mme de Fontenay ne connut Guitton que dans sa splendeur. Plus tard, il dut se contenter d'un intérieur moins luxueux ; un jour même, le dégoût de la sculpture s'empara de lui, et peu à peu il délaissa complétement son atelier.

---

19 août 1891, nous lisons que « ce groupe important, aussi remarquable par le sentiment que par le mode d'exécution, est actuellement au dépôt que le ministère des Beaux-Arts possède dans l'île des Cygnes. » Nous faisons des vœux pour que l'État consente à l'attribuer au Musée de la Roche-sur-Yon. Guitton en avait fait une réduction en plâtre, qui fut coulée en bronze, pour orner une pendule appartenant à son neveu Camille.

Son Hypathie, cette statue sur laquelle il avait fondé tant d'espérances, fut la cause de ses plus tristes désillusions.

Avant de la terminer, il avait fait des sacrifices énormes. Pour l'achat du marbre, les poses des modèles et les autres frais indispensables ou imprévus, il avait dépensé plus de 8.000 francs.

Pour comble de déveine, — excusez l'expression, elle est ici de circonstance, — la statue était plus qu'ébauchée, le polissoir allait fonctionner et lui donner le dernier fini, quand le ciseau mit à découvert une large veine rouge, qui la traversait tout entière.

Et il fallut recommencer sur un autre bloc, non sans perte de temps et surtout sans nouveaux frais.

Enfin Hypathie est terminée ; elle plaît à l'œil, et trouvera aisément un acquéreur, qui dédommagera l'auteur de ses tracas.

Hélas ! ce n'est qu'en 1876 — 13 ans plus tard ! — qu'il réussit à la placer.

Il aurait fallu l'entendre raconter sa mésaventure avec ce brio d'atelier, qui console à moitié des plus amères déconvenues.

Cette œuvre, qui lui avait tant coûté, il n'en put retirer que 1,800 francs ! Et encore entre quelles mains alla-t-elle échouer ? Chez un dentiste américain, qui désirait sans doute exposer à ses victimes, soit dans son antichambre, soit dans son cabinet d'opérations, l'exemple d'une résignation stoïque.

Cette cruelle dérision de la fortune ne devait guère apporter à cette âme, déjà bien éprouvée, les encouragements qui lui étaient nécessaires pour renaître, en quelque sorte, à l'art et à ses espérances.

Son atelier de sculpture disparut bientôt de la maison qu'il habitait à Paris.

Il le loua à d'autres artistes et s'adonna dès lors à sa passion pour les lettres ; car il était un fin lettré, un connaisseur, un amateur de livres rares et curieux, dont il avait réuni une magnifique collection.

Il écrivait aussi avec élégance. La *Gazette des Beaux-Arts* a publié (1) une étude intéressante qu'il consentit à donner sur *La Porte de Crémone*, récemment acquise, pour le Louvre, par la Direction des Musées.

Il parlait avec aisance la langue italienne, et l'avait étudiée d'une façon assez sérieuse pour entreprendre la traduction française des principaux conteurs italiens du XVIe siècle, d'après son propre aveu, il commençait à en retirer d'assez beaux bénéfices.

Quand je dis qu'après ses déceptions et l'abandon de son atelier il renonça complètement à la sculpture, je suis forcé de faire des réserves.

Toutes les fois qu'il venait en Vendée chercher, pendant les vacances, le repos et l'air salubre des champs, il essayait encore de reproduire les traits de ses parents et de ses amis.

A cette catégorie de ses travaux appartiennent les médaillons en plâtre de MM. *Alasonière*, *Minguet*, *Hipp. Joslain*, de sa sœur Mme *Ch. Renaud*, de son neveu et de sa nièce M. et Mme *H. Renaud*, le médaillon coulé en bronze de M *Constant Mercier*, et surtout les bustes en marbre blanc de son frère aîné *Henri*, de son autre frère *Camille* et de *son fils*, ainsi que son chef-d'œuvre peut-être dans le genre, celui de Mlle *Marie Renaud*, sa nièce.

On doit encore à Guitton un médaillon de M. *Eugène Moreau* et un buste en plâtre de M. *Charles Merland* qui remontent à ses débuts dans la sculpture, et plus tard, un buste de *Merlin de Douai*, commandé, je ne sais à quelle époque, pour la Cour de cassation.

Quand son ami P. Baudry se chargea des déco-

(1) Année 1876, 1er Sem., p. 323-335.

rations du nouvel Opéra, on lui confia, sur sa recommandation, deux statues en plâtre, *La Couverture* et *La Marbrerie*, qui s'élèvent dans la galerie de l'avant-foyer (1).

Enfin, sur la façade principale de l'hôtel-de-ville de Paris, au deuxième étage (1re niche, côté droit), a été placée la statue d'Et. Pasquier, haute de 2m10, qui lui fut commandée en 1880 et payée 4,000 francs.

Lorsqu'il s'éteignit, à l'âge de 66 ans, sa famille était depuis longtemps préparée à le perdre ; car les deux dernières années de sa vie l'avaient vu s'affaiblissant de jour en jour ; il ne restait plus que l'ombre de lui-même.

Il mourut à Paris ; mais, selon son désir, son corps fut ramené en Vendée, et le 24 juillet, on le déposait dans le cimetière de sa ville natale, où dormaient déjà bien des membres de sa famille.

« Combien il est regrettable, écrivait naguère M. Emile Grimaud (*Espérance du Peuple* du

---

(1) Ces deux statues, ayant chacune 1m30 de hauteur, sont placées du côté qui donne sur le grand foyer, au 3e tympan, côté ouest.

En voici la description, d'après l'*Inventaire des richesses d'art de la France* ; Paris, Mon. civils, t. 1. p. 77.

A gauche :

« *La Couverture*. Un enfant ailé, nu, est assis sur la corniche, le pied droit ramené sous la jambe gauche, la tête, de profil, tournée à gauche ; la main droite, relevée, s'appuie sur un chéneau ; le bras gauche est accoudé à l'écusson ; la main gauche tient l'outil du poseur d'ardoises ; sur la corniche, le fourneau et les outils du soudeur.

A droite :

« *La Marbrerie*. Un enfant ailé, nu, est assis, le pied gauche sur la corniche, la tête tournée à droite ; le bras droit est accoudé à l'écusson ; dans la main droite, le marteau du marbrier, La main gauche tient le ciseau ; sur la corniche, à gauche, le maillet, le compas, un chapiteau. »

25 juillet 1891), que les circonstances n'aient pas mieux favorisé cette vigoureuse nature d'artiste ! Moins heureux que P. Baudry, G. Guitton n'a pas vu le vent souffler dans ses voiles, et, pour parler comme le cardinal de Retz, il est, hélas ! de ceux qui n'ont pas rempli toute leur destinée. Quoi qu'il en soit, son œuvre est assez remarquable pour faire vivre son nom, et la Vendée peut être fière de le compter au nombre de ses enfants. »

Dans la vente aux enchères de l'atelier de Guitton, qui a eu lieu le 24 octobre dernier, figuraient son *Portrait* peint par Paul Baudry, Médaillon de 49 cent. de haut sur 44 cent. de large, vendu 200 fr. — *Un chouan en vedette*, œuvre de jeunesse du même artiste (H. 32 c. L. 24 c.) : Vendu 400 fr. — *Portrait de Mme de Fontenay*, buste en marbre de Guitton (H. 83 c., L. 50 c.) : Vendu 100 fr. — *Portrait de Mlle X*** de l'Opéra*, buste en marbre du même (H. 50 c., L, 28 c.) : Vendu 38 fr.

La Bibliothèque publique de la Roche-sur-Yon a pu se procurer la plus grande partie des manuscrits des nombreuses traductions italiennes de G. Guitton. Elle possède entr'autres les *Contes* du florentin GRAZZINI, édités en 1885 par Marpon et Flammarion, et formant deux élégants volumes in-8°, ornés de deux gravures à l'eau forte de Henry Besnier, les *Nouvelles* du milanais BANDELLO et du florentin FRANCO SACCHETTI, *Galateo* ou le *Traité des Convenances* de JEAN DELLA CASA, et la *Vie de Benvenuto Cellini*, écrite par lui-même.

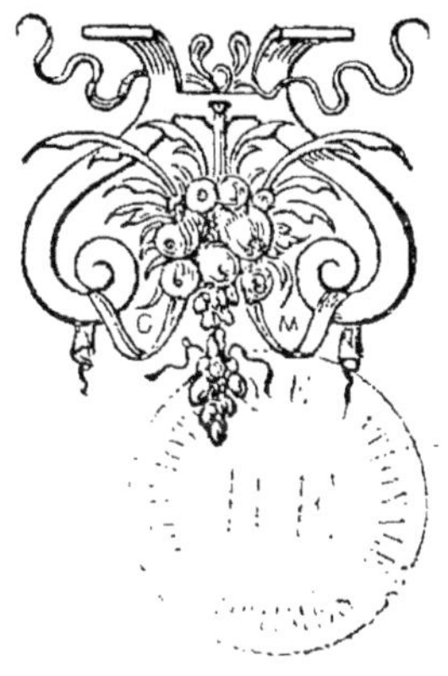

www.ingramcontent.com/pod-product-compliance
Ingram Content Group UK Ltd.
Pitfield, Milton Keynes, MK11 3LW, UK
UKHW022203190726
13855UKWH00004B/1599

9 782013 048552